ARCTURUS

This edition published in 2023 by Arcturus Publishing Limited
26/27 Bickels Yard, 151–153 Bermondsey Street,
London SE1 3HA

Text and design: Everitt Editorial
Puzzles created by: Puzzle Press
Illustrations: Diego Funck
Editor: Violet Peto
Managing Editor: Joe Harris

ISBN: 978-1-3988-2951-0
CH010446NT
Supplier 29, Date 0523, Print run 00003637

Printed in China

How to Play Sudoku

Sudoku puzzles are grid-based number games. They're great fun, and you don't need to be good at addition to solve them.

You must fill in the blank boxes in the grid so that each row, column, and mini-grid (indicated by a thick outline) contains the numbers 1–9. Each number must appear once, but only once, in each of those places.

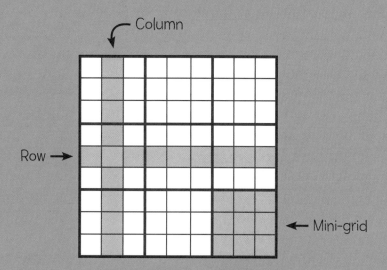

To get started, pick a blank square in the grid. Which numbers between 1 and 9 are already present in its mini-grid, row, and column? Can you work out what it should be by a process of elimination? If you can't find an answer for that one, move on to a different square.

Have fun!

Out and About

8	5		6				9	7
								5
7		2	5		3	6	1	
3		9		7		5	4	
	2		8	5	9		6	
	7	8		6		1		9
	8	6	2		5	9		1
9								
2	1				8		5	6

Coral Reef

2						5	7	
	8			3		4	9	
			9	8		1		3
		7	8		6	3	4	
8	5		7		3		2	6
	6	3	2		5	8		
7		2		5	4			
	9	6		7			3	
	4	8						1

Once Upon a Climb

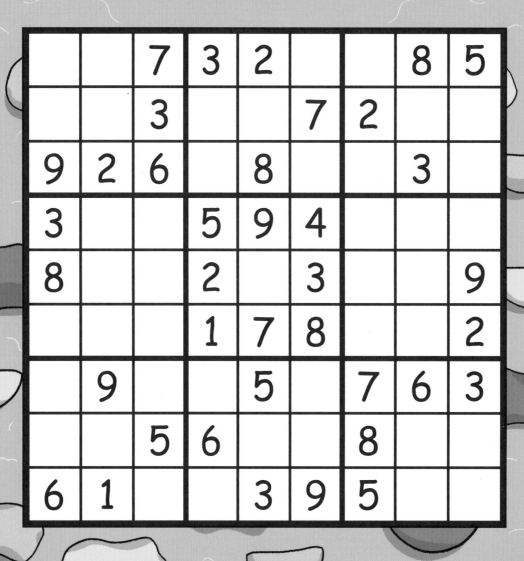

Lightbulb Moment

2	1		5				3	
		8	6					2
3			7	4			1	
		7		6		3	8	
	6	9	3		5	2	7	
	3	4		1		6		
	4			2	3			5
6					9	7		
	5				6		2	8

7

Chicken Conundrum

1	4				6		2	3
		8	3				5	
		3		5	2			
		4			5	8		7
	6	7	8		4	5	9	
8		9	7			2		
			5	6		9		
	3				8	4		
5	8		4				6	2

Number Fun

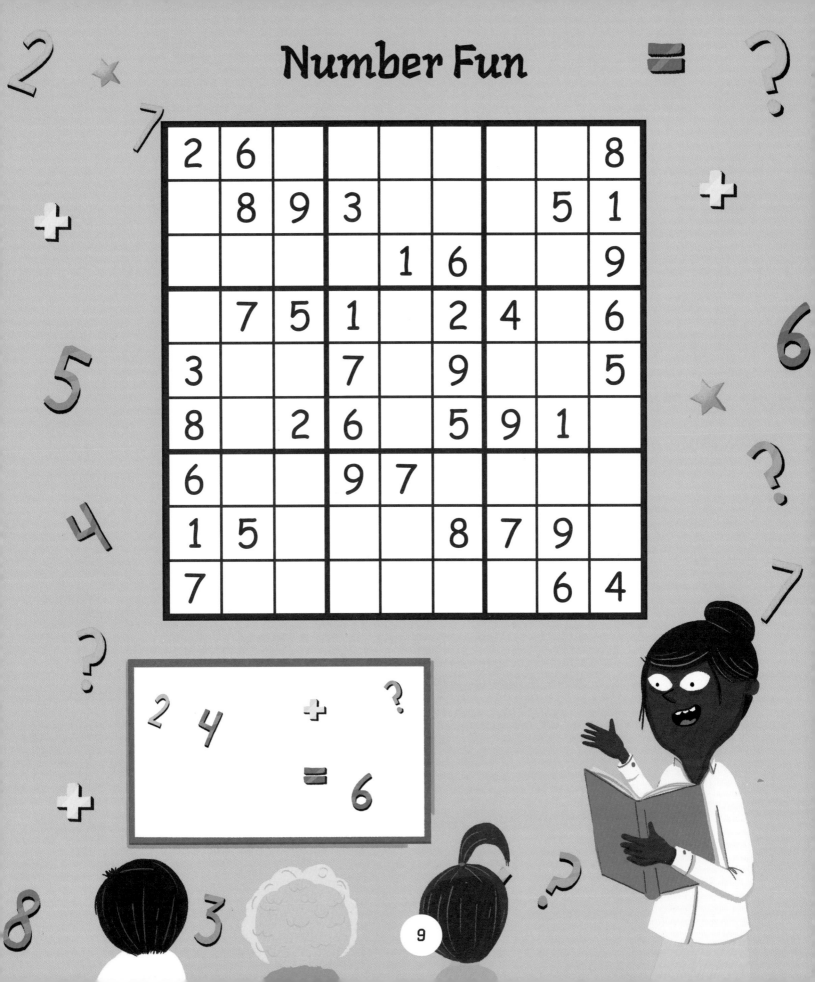

Hit the Gym

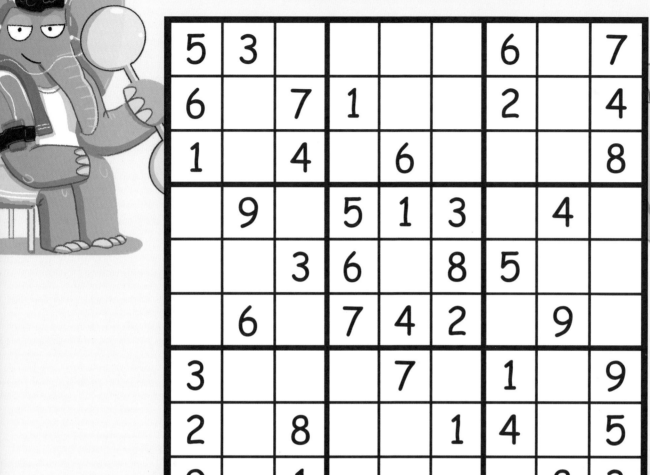

5	3					6		7
6		7	1			2		4
1		4		6				8
	9		5	1	3		4	
		3	6		8	5		
	6		7	4	2		9	
3				7		1		9
2		8			1	4		5
9		1					8	3

Boat Race

	7	2	4	9			8	
	4		3		2			7
8					6	3		2
			2			9		1
	8	3	6		7	2	5	
1		5			3			
6		7	8					9
4			7		9		2	
	9			3	5	4	7	

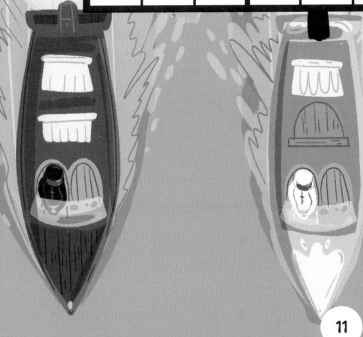

Toucan Tango

6	5			9		8		2
		7			3			9
	1		5		6	7		3
	7	4	6		2		9	
9		5		3		2		7
	2		8		9	4	5	
5		2	3		1		7	
7			9			1		
1		8		6			2	4

12

Zoodoku

		2	8	1	4			9
3	1				7	2		4
9		8	2		5	1		6
				5				8
5	3		1		8		6	2
4				7				
6		7	4		3	5		1
8		4	7				9	3
1			5	6	9	8		

Reptile House

7		3	6	1	2			4
			7	5				
2	1	5			8			7
5		9			6	3		2
		1	2	8	3	5		
3		8	4			7		6
4			9			2	6	5
				2	7			
1			5	6	4	9		8

14

Science Lab Sudoku

2	4		8				1	6
	8	5			6	4	7	
6	1	7				2	8	
7	2		1	9	4			8
	9		5		7		3	
4			3	6	8		2	7
	6	8				7	9	3
	3	4	7			5	6	
5	7				9		4	1

E = MC²

Farmyard Fun

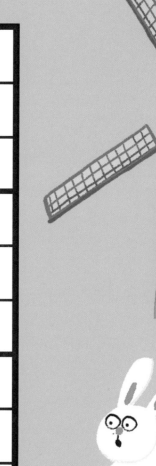

4	2	5		3	9	6		
			4		6	5	7	
7				2		4	9	
	9	2		5	7			
8			1	6	2			9
			9	8		7	2	
	8	9		7				5
	6	1	2		8			
		7	5	9		2	8	6

Rain Forest Teaser

9	2			7	8			
7	5			1		4	9	3
	3	1				8		
		5	2			7		8
	8		7	4	3		5	
2		7			1	6		
		9				3	4	
4	7	2		3			8	1
			5	2			7	6

Hop to It!

	8		5		4	6		3
	4	3	1	8				9
		5	9				8	2
							2	6
9	2	8	3		1	7	4	5
5	7							
8	6				9	3		
3				4	7	1	9	
1		7	8		5		6	

18

Build It Up

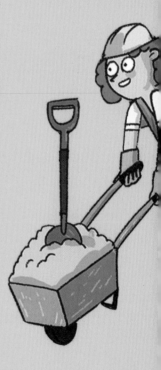

9	5	4		7				1
	8				9	6		7
6				3	2	8		
		8	7		1	9	5	
4								8
	6	5	8		3	4		
		2	5	8				9
5		1	9				8	
8				1		5	2	4

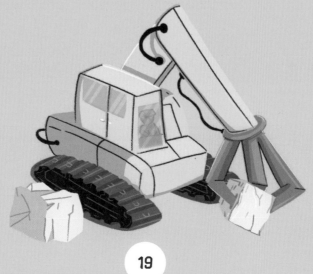

Skyline at Night

	6				7		9	
3			4					1
5	9		6		8		2	
	4	1		8	2	7		
9	7		3		1		4	8
		8	9	7		1	5	
	1		7		9		6	2
7					3			4
	2		1				8	

Unicorn Puzzler

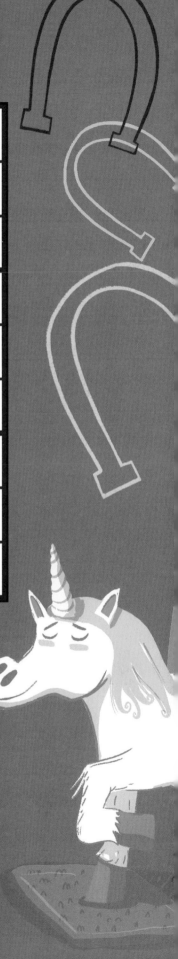

7		5			4		8	
		1	5	8	7			
6				9		5	7	1
2		4			1	3		
1	6	3	4		2	8	9	7
		7	9			1		4
3	8	9		4				2
			6	1	8	4		
	1		3			7		8

Butterfly Effect

1	3		5		6			7
9	4		2			5		
		6					3	4
8		2	1	5	9			
	6		4	8	2		1	
			3	6	7	8		2
6	1					2		
		9			5		8	3
5			9		4		7	1

Flower Fix

8			9		6	2	5	1
		6		5		7	4	
	3			7				
4	8	9	6	1				
	5	3		8		6	1	
			2	5	8	3	9	
			5			9		
	2	1		7		3		
7	6	5	3		1			8

Mammoth Challenge

3	5		8		4			
	9		1	5	3	7		
8	6		7			4	3	5
5	8				7	6	2	
2		9	5		6	3		4
	1	4	3				9	7
1	4	8			5		7	6
		6	9	4	8		5	
			6		1		4	2

24

Dragon Disco

4	2	7	9					
	1	6		4	7	2		
9		8		2				
				9		3	7	1
3		4	7		1	6		9
1	7	9		5				
			2			1		5
		2	1	8		4	6	
					6	9	2	7

25

Superdoku

3			8	7				
	8						9	5
4		6			5	7	8	
	7	8	9		1		6	4
		3	5		8	1		
5	6		7		2	8	3	
	1	4	2			3		6
6	9						4	
				5	4			1

Panda-Monium

1	2		9		5	7		
4			2	7	3			
7					4		5	3
9			8				6	
3	4	6				8	7	2
	8				6			9
6	3		5					7
			4	3	8			1
		4	7		2		3	5

Treasure Chest

	4	8	2	5	3			
2		5	6					8
		9	8					
	9	4			6			
1			4	7	5			3
			9			5	6	
					4	2		
8					9	6		7
			5	6	2	8	1	

28

Safari Sudoku

	8		1		2	9		
5	9					6		2
	2		7				4	8
1			5			2	8	
7		8		3		4		6
	4	2			6			9
2	3				7		9	
8		6					2	4
		4	3		8		6	

Pastry Chef

	8					3		
5	2	3					4	7
9			3	5			2	
2	7	8	6					4
	9		7	8	3		5	
6					2	7	1	8
	6			9	7			2
8	1					5	7	9
		9					6	

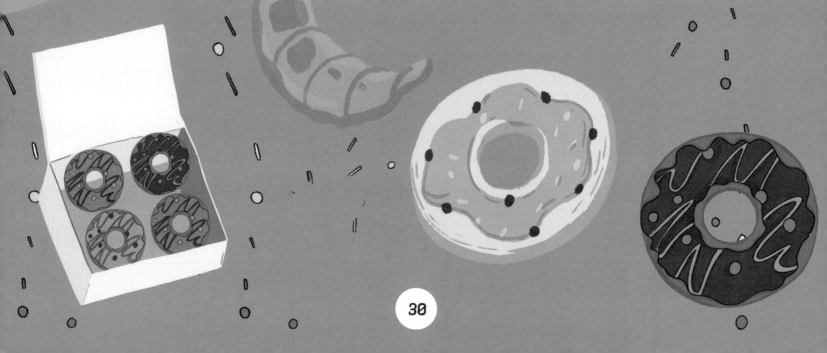

A Knight's Tale

	3	7	4	1			8	
		6				4		
4				9			2	1
	8			5	6	7	3	
5			9		1			2
	6	2	7	4			9	
6	4			8				3
		5				2		
	2			7	4	6	1	

In the Pink

		2			5	3	8	9
	3		6				1	
4		5	8		1			6
	7				9	2		
9	2	3	1		6	4	5	7
		1	2				9	
1			7		4	6		5
	5				3		4	
3	4	6	5			9		

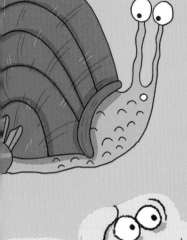

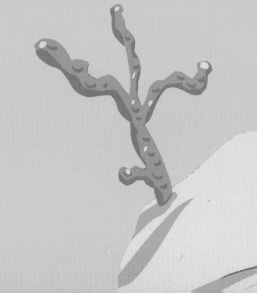

Fields of Gold

	1	4		9			3	
	3	7	8					1
				1		6		7
7				2		5	9	
	6		5		8		4	
	4	1		6				2
1		9		8				
	5				6	7	2	
	2			4		9	5	

Beach Days

5		6	2		8		1	
		9		3	4		7	
		7	5	6	9	2	4	
		4	8		7			9
9	5			1			2	7
7			6		5	4		
	7	5	9	8	6	1		
	9		3	4		7		
	6		7		2	8		4

34

Monkeying Around

4	2	3	5	1			8	7
1		9	2	7				
	8		6			2		
6			3					9
	3	2		9		8	1	
9					2			6
		5			7		6	
				2	4	9		8
8	1			6	5	3	7	2

Outer Space

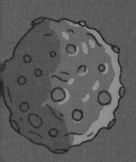

5		1	9		7		4	3
8		3	2	1			6	9
7			8	4	3	1	5	
			1			4		
	5			7			2	
		4			8			
	8	5	7	3	1			4
4	1			2	9	3		6
9	3		4		6	5		7

Fruit Stand

6	4	2	3			7		
			4		6	9		1
		3					2	
3			6	4	5	1		7
8	5			2		7		4	3
4		6	1	8	3			5
	6					5		
2		8	7		1			
		5			4	8	7	2

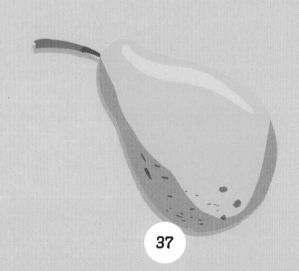

Shell Collection

6		7		8	3	1	5	9
	2		7					6
3					9			2
	5		1	7		2		
9	6		4		2		7	5
		3		9	5		6	
5			9					8
7					8		3	
8	9	6	3	4		5		7

Jousting Practice

8	6	1			2	4	7	
		4				6		2
	5			7			9	
9		6		5	3		8	4
1		7		8		3		5
5	3		4	6		9		7
	8			2			4	
4		2				5		
	1	5	8			2	3	9

Chocolate Delight

9	3	5	6	8				2
8		4			9	3		1
	6		4					
		1	3	7		9		5
	8	3				7	4	
5		7		6	4	1		
					3		1	
4		6	9			2		7
3				2	6	8	5	4

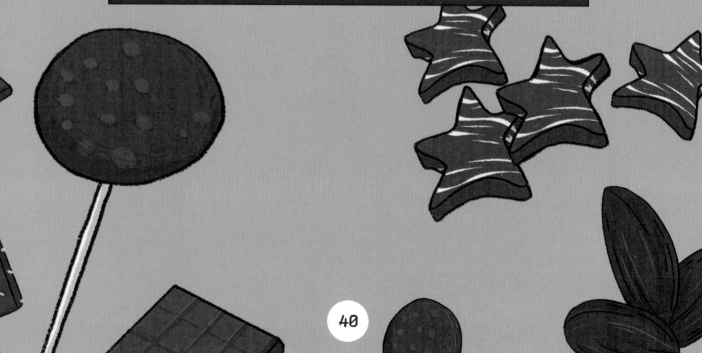

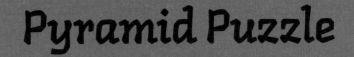

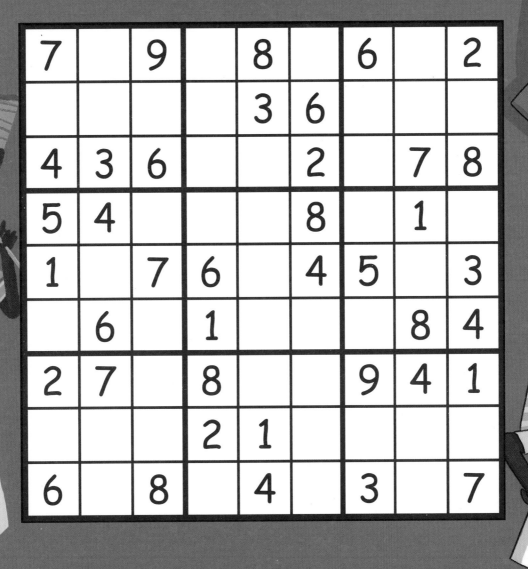

7		9		8		6		2
				3	6			
4	3	6			2		7	8
5	4				8		1	
1		7	6		4	5		3
	6		1				8	4
2	7		8			9	4	1
			2	1				
6		8		4		3		7

Easy Pizza

8				5			6	3
		2		8		5		7
7	3	5		6	4	1	9	
			4	7	2			
3		4	5		6	7		1
			1	3	8			
	7	8	9	2		4	1	5
1		9		4		3		
4	2			1				6

Lost in a Book

4	3							9
2		1	3		9	8		
			1	7	6	3	2	
8	6		5	9		2		7
	2	9				1	4	
3		5		2	7		6	8
	9	7	2	3	4			
		3	9		8	6		2
1							9	3

Desert Search

6						4	1	9
	5	7	1		6			8
	1				9	5		7
8		2	5				7	
	3	6	7		2	9	5	
	7				4	2		1
3		8	6				4	
4			9		8	7	3	
7	6	5						2

High Score

	4		8		7		6	9
8	5	9	6	1	2	4		
				4	9			2
5				2			8	6
		3	7		6	1		
9	2			8				4
2			9	7				
		8	2	5	4	3	9	7
7	9		3		8		4	

45

Mermaid Mystery

	4		9	1	2	5		7
		2	8	5		1		
3	1				7		2	
			1		4			8
2	8			3			9	5
4			5		9			
	2		3				8	1
		3		6	1	9		
1		6	2	9	8		5	

Fairground Fun

2		6		4		3		9
	1			2		5	6	
3	4				6	7		2
		1		8	5		3	
8	2			6			9	5
	3		4	9		8		
6		3	1				4	8
	9	2		7			5	
4		5		3		9		1

Treasure Island

7	4		2		1		9	3
						8	2	
2		5	8	3	9			7
6			9		2	3	5	4
4								6
1	5	3	7		6			2
8			4	9	7	1		5
	9	4						
3	7		6		8		4	9

Robot Rampage

	2		9		3	8	7	6
		5	1				2	3
	8	7	6	4	2		9	1
	7	3	8					
9	4						8	5
					6	3	4	
7	6		4	1	5	9	3	
1	3				7	6		
2	5	4	3		9		1	

Plant Picks

	2			5	9	3	4	
5			3	4		7	8	
3	9	4	1		8			
		8		3			2	4
4			5		6			7
7	6			2		5		
			8		5	4	1	3
	4	5		9	3			6
	8	3	4	1			5	

Block Party

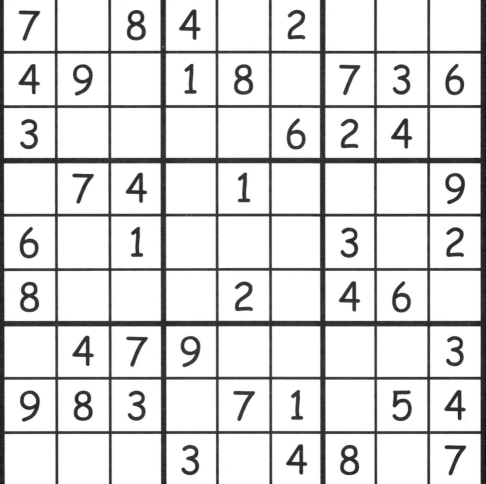

7		8	4		2			
4	9		1	8		7	3	6
3					6	2	4	
	7	4		1				9
6		1				3		2
8			2			4	6	
	4	7	9					3
9	8	3		7	1		5	4
			3		4	8		7

Dog Days

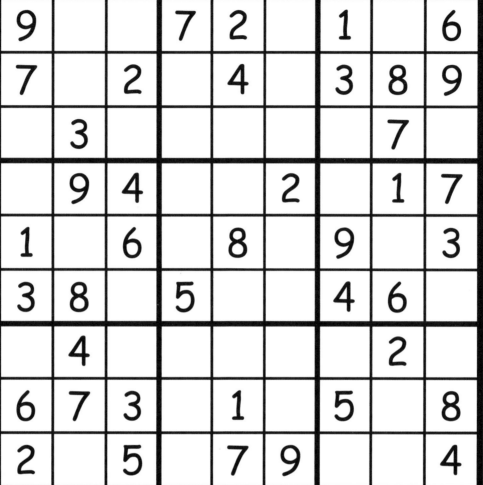

9			7	2		1		6
7		2		4		3	8	9
	3						7	
	9	4			2		1	7
1		6		8		9		3
3	8		5			4	6	
	4						2	
6	7	3		1		5		8
2		5		7	9			4

Hocus Pocus

	5		1		2			6
		2		6		3		7
	8	1		3	9		2	5
	9		5		4	2		
4	7		3		8		6	1
		8	6		1		7	
5	6		9	1		7	8	
3		7		8		1		
8			2		7		4	

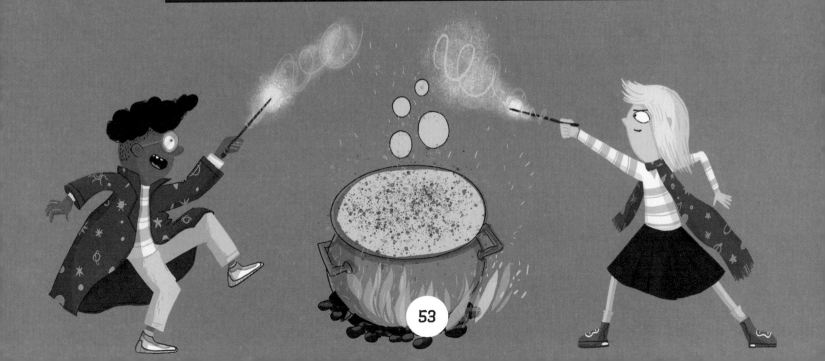

A Walk in the Woods

5	4			1	3		2	6
						7		
8				9	4		1	3
9		4		3	7	1		2
	5		9		1		6	
1		7	6	5		9		8
6	1		3	8				9
	3							
7	8		4	2			3	1

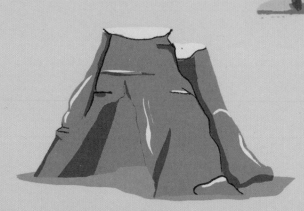

Down at the Pond

6	3	7		1			8	5
	8				7	9		
	1	9			5		4	
1				9	4	8		
4	6						7	9
		2	6	5				3
	4		3			6	9	
		1	9				5	
7	9			8		1	3	4

Cupcake Time

4	5			9			1	3
			4	5		2	6	
9			1	8				7
		4			5		8	1
5	2	3		6		9	7	4
8	6		7			5		
2				3	8			5
	1	5		7	4			
3	8			1			4	6

SOLUTIONS

page 4

8	5	3	6	4	1	2	9	7
6	4	1	9	2	7	8	3	5
7	9	2	5	8	3	6	1	4
3	6	9	1	7	2	5	4	8
1	2	4	8	5	9	7	6	3
5	7	8	3	6	4	1	2	9
4	8	6	2	3	5	9	7	1
9	3	5	7	1	6	4	8	2
2	1	7	4	9	8	3	5	6

page 5

2	3	9	4	6	1	5	7	8
6	8	1	5	3	7	4	9	2
4	7	5	9	8	2	1	6	3
1	2	7	8	9	6	3	4	5
8	5	4	7	1	3	9	2	6
9	6	3	2	4	5	8	1	7
7	1	2	3	5	4	6	8	9
5	9	6	1	7	8	2	3	4
3	4	8	6	2	9	7	5	1

page 6

1	4	7	3	2	6	9	8	5
5	8	3	9	1	7	2	4	6
9	2	6	4	8	5	1	3	7
3	7	2	5	9	4	6	1	8
8	5	1	2	6	3	4	7	9
4	6	9	1	7	8	3	5	2
2	9	4	8	5	1	7	6	3
7	3	5	6	4	2	8	9	1
6	1	8	7	3	9	5	2	4

page 7

2	1	6	5	9	8	4	3	7
4	7	8	6	3	1	5	9	2
3	9	5	7	4	2	8	1	6
5	2	7	9	6	4	3	8	1
1	6	9	3	8	5	2	7	4
8	3	4	2	1	7	6	5	9
7	4	1	8	2	3	9	6	5
6	8	2	1	5	9	7	4	3
9	5	3	4	7	6	1	2	8

page 8

1	4	5	9	8	6	7	2	3
6	2	8	3	4	7	1	5	9
7	9	3	1	5	2	6	8	4
2	1	4	6	9	5	8	3	7
3	6	7	8	2	4	5	9	1
8	5	9	7	3	1	2	4	6
4	7	2	5	6	3	9	1	8
9	3	6	2	1	8	4	7	5
5	8	1	4	7	9	3	6	2

page 9

2	6	1	5	9	4	3	7	8
4	8	9	3	2	7	6	5	1
5	3	7	8	1	6	2	4	9
9	7	5	1	8	2	4	3	6
3	1	6	7	4	9	8	2	5
8	4	2	6	3	5	9	1	7
6	2	4	9	7	1	5	8	3
1	5	3	4	6	8	7	9	2
7	9	8	2	5	3	1	6	4

page 10

5	3	9	2	8	4	6	1	7
6	8	7	1	5	9	2	3	4
1	2	4	3	6	7	9	5	8
7	9	2	5	1	3	8	4	6
4	1	3	6	9	8	5	7	2
8	6	5	7	4	2	3	9	1
3	4	6	8	7	5	1	2	9
2	7	8	9	3	1	4	6	5
9	5	1	4	2	6	7	8	3

page 11

3	7	2	4	9	1	6	8	5
5	4	6	3	8	2	1	9	7
8	1	9	5	7	6	3	4	2
7	6	4	2	5	8	9	3	1
9	8	3	6	1	7	2	5	4
1	2	5	9	4	3	7	6	8
6	3	7	8	2	4	5	1	9
4	5	1	7	6	9	8	2	3
2	9	8	1	3	5	4	7	6

page 12

6	5	3	4	9	7	8	1	2
4	8	7	2	1	3	5	6	9
2	1	9	5	8	6	7	4	3
8	7	4	6	5	2	3	9	1
9	6	5	1	3	4	2	8	7
3	2	1	8	7	9	4	5	6
5	9	2	3	4	1	6	7	8
7	4	6	9	2	8	1	3	5
1	3	8	7	6	5	9	2	4

page 13

7	6	2	8	1	4	3	5	9
3	1	5	6	9	7	2	8	4
9	4	8	2	3	5	1	7	6
2	7	1	9	5	6	4	3	8
5	3	9	1	4	8	7	6	2
4	8	6	3	7	2	9	1	5
6	9	7	4	8	3	5	2	1
8	5	4	7	2	1	6	9	3
1	2	3	5	6	9	8	4	7

page 14

7	9	3	6	1	2	8	5	4
8	6	4	7	5	9	1	2	3
2	1	5	3	4	8	6	9	7
5	4	9	1	7	6	3	8	2
6	7	1	2	8	3	5	4	9
3	2	8	4	9	5	7	1	6
4	8	7	9	3	1	2	6	5
9	5	6	8	2	7	4	3	1
1	3	2	5	6	4	9	7	8

page 15

2	4	9	8	7	5	3	1	6
3	8	5	2	1	6	4	7	9
6	1	7	9	4	3	2	8	5
7	2	3	1	9	4	6	5	8
8	9	6	5	2	7	1	3	4
4	5	1	3	6	8	9	2	7
1	6	8	4	5	2	7	9	3
9	3	4	7	8	1	5	6	2
5	7	2	6	3	9	8	4	1

page 16

4	2	5	7	3	9	6	1	8
9	3	8	4	1	6	5	7	2
7	1	6	8	2	5	4	9	3
1	9	2	3	5	7	8	6	4
8	7	4	1	6	2	3	5	9
6	5	3	9	8	4	7	2	1
2	8	9	6	7	3	1	4	5
5	6	1	2	4	8	9	3	7
3	4	7	5	9	1	2	8	6

page 17

9	2	4	3	7	8	1	6	5
7	5	8	6	1	2	4	9	3
6	3	1	4	9	5	8	2	7
3	4	5	2	6	9	7	1	8
1	8	6	7	4	3	2	5	9
2	9	7	8	5	1	6	3	4
5	6	9	1	8	7	3	4	2
4	7	2	9	3	6	5	8	1
8	1	3	5	2	4	9	7	6

page 18

7	8	9	5	2	4	6	1	3
2	4	3	1	8	6	5	7	9
6	1	5	9	7	3	4	8	2
4	3	1	7	5	8	9	2	6
9	2	8	3	6	1	7	4	5
5	7	6	4	9	2	8	3	1
8	6	4	2	1	9	3	5	7
3	5	2	6	4	7	1	9	8
1	9	7	8	3	5	2	6	4

page 19

9	5	4	6	7	8	2	3	1
2	8	3	1	5	9	6	4	7
6	1	7	4	3	2	8	9	5
3	2	8	7	4	1	9	5	6
4	7	9	2	6	5	3	1	8
1	6	5	8	9	3	4	7	2
7	3	2	5	8	4	1	6	9
5	4	1	9	2	6	7	8	3
8	9	6	3	1	7	5	2	4

page 20

1	6	4	2	3	7	8	9	5
3	8	2	4	9	5	6	7	1
5	9	7	6	1	8	4	2	3
6	4	1	5	8	2	7	3	9
9	7	5	3	6	1	2	4	8
2	3	8	9	7	4	1	5	6
8	1	3	7	4	9	5	6	2
7	5	6	8	2	3	9	1	4
4	2	9	1	5	6	3	8	7

page 21

7	2	5	1	6	4	9	8	3
9	3	1	5	8	7	2	4	6
6	4	8	2	9	3	5	7	1
2	9	4	8	7	1	3	6	5
1	6	3	4	5	2	8	9	7
8	5	7	9	3	6	1	2	4
3	8	9	7	4	5	6	1	2
5	7	2	6	1	8	4	3	9
4	1	6	3	2	9	7	5	8

page 22

1	3	8	5	4	6	9	2	7
9	4	7	2	3	1	5	6	8
2	5	6	7	9	8	1	3	4
8	7	2	1	5	9	3	4	6
3	6	5	4	8	2	7	1	9
4	9	1	3	6	7	8	5	2
6	1	4	8	7	3	2	9	5
7	2	9	6	1	5	4	8	3
5	8	3	9	2	4	6	7	1

page 23

8	7	4	9	3	6	2	5	1
1	9	6	2	5	8	7	4	3
5	3	2	1	4	7	9	8	6
4	8	9	6	1	3	5	7	2
2	5	3	7	8	9	6	1	4
6	1	7	4	2	5	8	3	9
3	4	8	5	6	2	1	9	7
9	2	1	8	7	4	3	6	5
7	6	5	3	9	1	4	2	8

page 24

3	5	7	8	6	4	2	1	9
4	9	2	1	5	3	7	6	8
8	6	1	7	2	9	4	3	5
5	8	3	4	9	7	6	2	1
2	7	9	5	1	6	3	8	4
6	1	4	3	8	2	5	9	7
1	4	8	2	3	5	9	7	6
7	2	6	9	4	8	1	5	3
9	3	5	6	7	1	8	4	2

page 25

4	2	7	9	1	8	5	3	6
5	1	6	3	4	7	2	9	8
9	3	8	5	6	2	7	1	4
2	6	5	8	9	4	3	7	1
3	8	4	7	2	1	6	5	9
1	7	9	6	5	3	8	4	2
6	4	3	2	7	9	1	8	5
7	9	2	1	8	5	4	6	3
8	5	1	4	3	6	9	2	7

page 26

3	5	9	8	7	6	4	1	2
1	8	7	4	2	3	6	9	5
4	2	6	1	9	5	7	8	3
2	7	8	9	3	1	5	6	4
9	4	3	5	6	8	1	2	7
5	6	1	7	4	2	8	3	9
7	1	4	2	8	9	3	5	6
6	9	5	3	1	7	2	4	8
8	3	2	6	5	4	9	7	1

page 27

1	2	3	9	8	5	7	4	6
4	6	5	2	7	3	1	9	8
7	9	8	6	1	4	2	5	3
9	5	1	8	2	7	3	6	4
3	4	6	1	5	9	8	7	2
2	8	7	3	4	6	5	1	9
6	3	2	5	9	1	4	8	7
5	7	9	4	3	8	6	2	1
8	1	4	7	6	2	9	3	5

page 28

7	4	8	2	5	3	1	9	6
2	3	5	6	9	1	4	7	8
6	1	9	8	4	7	3	5	2
5	9	4	3	2	6	7	8	1
1	8	6	4	7	5	9	2	3
3	2	7	9	1	8	5	6	4
9	6	1	7	8	4	2	3	5
8	5	2	1	3	9	6	4	7
4	7	3	5	6	2	8	1	9

page 29

4	8	7	1	6	2	9	3	5
5	9	1	4	8	3	6	7	2
6	2	3	7	9	5	1	4	8
1	6	9	5	7	4	2	8	3
7	5	8	2	3	9	4	1	6
3	4	2	8	1	6	7	5	9
2	3	5	6	4	7	8	9	1
8	7	6	9	5	1	3	2	4
9	1	4	3	2	8	5	6	7

page 30

1	8	6	2	7	4	3	9	5
5	2	3	1	6	9	8	4	7
9	4	7	3	5	8	6	2	1
2	7	8	6	1	5	9	3	4
4	9	1	7	8	3	2	5	6
6	3	5	9	4	2	7	1	8
3	6	4	5	9	7	1	8	2
8	1	2	4	3	6	5	7	9
7	5	9	8	2	1	4	6	3

page 31

2	3	7	4	1	5	9	8	6
1	9	6	8	2	3	4	5	7
4	5	8	6	9	7	3	2	1
9	8	1	2	5	6	7	3	4
5	7	4	9	3	1	8	6	2
3	6	2	7	4	8	1	9	5
6	4	9	1	8	2	5	7	3
7	1	5	3	6	9	2	4	8
8	2	3	5	7	4	6	1	9

page 32

6	1	2	4	7	5	3	8	9
7	3	8	6	9	2	5	1	4
4	9	5	8	3	1	7	2	6
8	7	4	3	5	9	2	6	1
9	2	3	1	8	6	4	5	7
5	6	1	2	4	7	8	9	3
1	8	9	7	2	4	6	3	5
2	5	7	9	6	3	1	4	8
3	4	6	5	1	8	9	7	2

page 33

8	1	4	6	9	7	2	3	5
6	3	7	8	5	2	4	1	9
2	9	5	4	1	3	6	8	7
7	8	3	1	2	4	5	9	6
9	6	2	5	7	8	1	4	3
5	4	1	3	6	9	8	7	2
1	7	9	2	8	5	3	6	4
4	5	8	9	3	6	7	2	1
3	2	6	7	4	1	9	5	8

page 34

5	4	6	2	7	8	9	1	3
2	8	9	1	3	4	5	7	6
1	3	7	5	6	9	2	4	8
6	1	4	8	2	7	3	5	9
9	5	8	4	1	3	6	2	7
7	2	3	6	9	5	4	8	1
4	7	5	9	8	6	1	3	2
8	9	2	3	4	1	7	6	5
3	6	1	7	5	2	8	9	4

page 35

4	2	3	5	1	9	6	8	7
1	6	9	2	7	8	5	4	3
5	8	7	6	4	3	2	9	1
6	4	8	3	5	1	7	2	9
7	3	2	4	9	6	8	1	5
9	5	1	7	8	2	4	3	6
2	9	5	8	3	7	1	6	4
3	7	6	1	2	4	9	5	8
8	1	4	9	6	5	3	7	2

page 36

5	2	1	9	6	7	8	4	3
8	4	3	2	1	5	7	6	9
7	9	6	8	4	3	1	5	2
3	6	8	1	9	2	4	7	5
1	5	9	3	7	4	6	2	8
2	7	4	6	5	8	9	3	1
6	8	5	7	3	1	2	9	4
4	1	7	5	2	9	3	8	6
9	3	2	4	8	6	5	1	7

page 37

6	4	2	3	1	9	7	5	8
5	8	7	4	2	6	9	3	1
9	1	3	5	7	8	4	2	6
3	2	9	6	4	5	1	8	7
8	5	1	2	9	7	6	4	3
4	7	6	1	8	3	2	9	5
7	6	4	8	3	2	5	1	9
2	9	8	7	5	1	3	6	4
1	3	5	9	6	4	8	7	2

page 38

6	4	7	2	8	3	1	5	9
1	2	9	7	5	4	3	8	6
3	8	5	6	1	9	7	4	2
4	5	8	1	7	6	2	9	3
9	6	1	4	3	2	8	7	5
2	7	3	8	9	5	4	6	1
5	3	4	9	2	7	6	1	8
7	1	2	5	6	8	9	3	4
8	9	6	3	4	1	5	2	7

page 39

8	6	1	5	9	2	4	7	3
7	9	4	3	1	8	6	5	2
2	5	3	6	7	4	8	9	1
9	2	6	7	5	3	1	8	4
1	4	7	2	8	9	3	6	5
5	3	8	4	6	1	9	2	7
3	8	9	1	2	5	7	4	6
4	7	2	9	3	6	5	1	8
6	1	5	8	4	7	2	3	9

page 40

9	3	5	6	8	1	4	7	2
8	7	4	2	5	9	3	6	1
1	6	2	4	3	7	5	9	8
6	4	1	3	7	2	9	8	5
2	8	3	1	9	5	7	4	6
5	9	7	8	6	4	1	2	3
7	2	8	5	4	3	6	1	9
4	5	6	9	1	8	2	3	7
3	1	9	7	2	6	8	5	4

page 41

7	5	9	4	8	1	6	3	2
8	2	1	7	3	6	4	5	9
4	3	6	9	5	2	1	7	8
5	4	2	3	9	8	7	1	6
1	8	7	6	2	4	5	9	3
9	6	3	1	7	5	2	8	4
2	7	5	8	6	3	9	4	1
3	9	4	2	1	7	8	6	5
6	1	8	5	4	9	3	2	7

page 42

8	4	1	7	5	9	2	6	3
9	6	2	3	8	1	5	4	7
7	3	5	2	6	4	1	9	8
5	1	6	4	7	2	8	3	9
3	8	4	5	9	6	7	2	1
2	9	7	1	3	8	6	5	4
6	7	8	9	2	3	4	1	5
1	5	9	6	4	7	3	8	2
4	2	3	8	1	5	9	7	6

page 43

4	3	6	8	5	2	7	1	9
2	7	1	3	4	9	8	5	6
9	5	8	1	7	6	3	2	4
8	6	4	5	9	1	2	3	7
7	2	9	6	8	3	1	4	5
3	1	5	4	2	7	9	6	8
6	9	7	2	3	4	5	8	1
5	4	3	9	1	8	6	7	2
1	8	2	7	6	5	4	9	3

page 44

6	8	3	2	7	5	4	1	9
9	5	7	1	4	6	3	2	8
2	1	4	8	3	9	5	6	7
8	4	2	5	9	1	6	7	3
1	3	6	7	8	2	9	5	4
5	7	9	3	6	4	2	8	1
3	9	8	6	2	7	1	4	5
4	2	1	9	5	8	7	3	6
7	6	5	4	1	3	8	9	2

page 45

1	4	2	8	3	7	5	6	9
8	5	9	6	1	2	4	7	3
3	6	7	5	4	9	8	1	2
5	7	1	4	2	3	9	8	6
4	8	3	7	9	6	1	2	5
9	2	6	1	8	5	7	3	4
2	3	4	9	7	1	6	5	8
6	1	8	2	5	4	3	9	7
7	9	5	3	6	8	2	4	1

page 46

6	4	8	9	1	2	5	3	7
7	9	2	8	5	3	1	4	6
3	1	5	6	4	7	8	2	9
5	3	9	1	2	4	7	6	8
2	8	1	7	3	6	4	9	5
4	6	7	5	8	9	2	1	3
9	2	4	3	7	5	6	8	1
8	5	3	4	6	1	9	7	2
1	7	6	2	9	8	3	5	4

page 47

2	5	6	7	4	8	3	1	9
7	1	8	9	2	3	5	6	4
3	4	9	5	1	6	7	8	2
9	6	1	2	8	5	4	3	7
8	2	4	3	6	7	1	9	5
5	3	7	4	9	1	8	2	6
6	7	3	1	5	9	2	4	8
1	9	2	8	7	4	6	5	3
4	8	5	6	3	2	9	7	1

page 48

7	4	8	2	6	1	5	9	3
9	3	6	5	7	4	8	2	1
2	1	5	8	3	9	4	6	7
6	8	7	9	1	2	3	5	4
4	2	9	3	8	5	7	1	6
1	5	3	7	4	6	9	8	2
8	6	2	4	9	7	1	3	5
5	9	4	1	2	3	6	7	8
3	7	1	6	5	8	2	4	9

page 49

4	2	1	9	5	3	8	7	6
6	9	5	1	7	8	4	2	3
3	8	7	6	4	2	5	9	1
5	7	3	8	2	4	1	6	9
9	4	6	7	3	1	2	8	5
8	1	2	5	9	6	3	4	7
7	6	8	4	1	5	9	3	2
1	3	9	2	8	7	6	5	4
2	5	4	3	6	9	7	1	8

page 50

8	2	7	6	5	9	3	4	1
5	1	6	3	4	2	7	8	9
3	9	4	1	7	8	2	6	5
9	5	8	7	3	1	6	2	4
4	3	2	5	8	6	1	9	7
7	6	1	9	2	4	5	3	8
2	7	9	8	6	5	4	1	3
1	4	5	2	9	3	8	7	6
6	8	3	4	1	7	9	5	2

page 51

7	6	8	4	3	2	9	1	5
4	9	2	1	8	5	7	3	6
3	1	5	7	9	6	2	4	8
2	7	4	6	1	3	5	8	9
6	5	1	8	4	9	3	7	2
8	3	9	5	2	7	4	6	1
5	4	7	9	6	8	1	2	3
9	8	3	2	7	1	6	5	4
1	2	6	3	5	4	8	9	7

page 52

9	5	8	7	2	3	1	4	6
7	6	2	1	4	5	3	8	9
4	3	1	9	6	8	2	7	5
5	9	4	6	3	2	8	1	7
1	2	6	4	8	7	9	5	3
3	8	7	5	9	1	4	6	2
8	4	9	3	5	6	7	2	1
6	7	3	2	1	4	5	9	8
2	1	5	8	7	9	6	3	4

page 53

7	5	3	1	4	2	8	9	6
9	4	2	8	6	5	3	1	7
6	8	1	7	3	9	4	2	5
1	9	6	5	7	4	2	3	8
4	7	5	3	2	8	9	6	1
2	3	8	6	9	1	5	7	4
5	6	4	9	1	3	7	8	2
3	2	7	4	8	6	1	5	9
8	1	9	2	5	7	6	4	3

page 54

5	4	9	7	1	3	8	2	6
3	2	1	5	6	8	7	9	4
8	7	6	2	9	4	5	1	3
9	6	4	8	3	7	1	5	2
2	5	8	9	4	1	3	6	7
1	3	7	6	5	2	9	4	8
6	1	2	3	8	5	4	7	9
4	9	3	1	7	6	2	8	5
7	8	5	4	2	9	6	3	1

page 55

6	3	7	4	1	9	2	8	5
5	8	4	2	3	7	9	6	1
2	1	9	8	6	5	3	4	7
1	5	3	7	9	4	8	2	6
4	6	8	1	2	3	5	7	9
9	7	2	6	5	8	4	1	3
8	4	5	3	7	1	6	9	2
3	2	1	9	4	6	7	5	8
7	9	6	5	8	2	1	3	4

page 56

4	5	6	2	9	7	8	1	3
1	7	8	4	5	3	2	6	9
9	3	2	1	8	6	4	5	7
7	9	4	3	2	5	6	8	1
5	2	3	8	6	1	9	7	4
8	6	1	7	4	9	5	3	2
2	4	7	6	3	8	1	9	5
6	1	5	9	7	4	3	2	8
3	8	9	5	1	2	7	4	6